Zum Glück Gibt's

Wolken und Regen

von Tracey Turner
illustriert von Fiona Powers
übersetzt von Frederik Kugler

Laurence King Verlag

Erstmals erschienen in Großbritannien 2022 unter dem Titel
I´m Glad There Are Clouds And Rain bei The Watts Publishing Group

Für die Originalausgabe
Design- und Projektmanagement: Raspberry Books
Art Direction: Sidonie Beresford-Browne
Design: Kathryn Davies
Illustrationen: Fiona Powers

Für die deutschsprachige Ausgabe
Übersetzung: Frederik Kugler
Lektorat: Anne Vogel-Ropers

Hergestellt in China, 1. Auflage Dezember 2022

MIX
Paper from
responsible sources
FSC® C104740
FSC
www.fsc.org

Laurence King Verlag GmbH
Jablonskistr. 27, 10405 Berlin

Ein Imprint der
Hachette Children´s Group
Carmelite House
50 Victoria Embankment
London EC4Y 0DZ

Ein Unternehmen von Hachette UK
www.hachette.co.uk

www.laurencekingverlag.de
www.hachettechildrens.co.uk

ZUM GLÜCK GIBT'S

Wolken und Regen

von Tracey Turner
illustriert von Fiona Powers
übersetzt von Frederik Kugler

Laurence King Verlag

Inhalt

ZUM GLÜCK GIBT'S

Wolken und Regen!

WOLKEN UND REGEN SIND WUNDERBAR! Sie sind der Grund dafür, dass die Welt voller grüner Pflanzen und Blumen ist.

- Wolken verändern sich ständig und können die tollsten Formen annehmen.

- In Regenpfützen zu hüpfen, macht Spaß!

Wo du auch bist, das Wetter ist immer da, und es ist immer interessant – selbst, wenn es nass und kalt ist.

- Wir können im Winter Schlitten fahren.

- Wir können im Meer oder in einem See schwimmen, wenn es heiß ist.

- Einen Regenbogen zu sehen, ist immer fantastisch!

ZUM GLÜCK GIBT'S verschiedene Wolkenarten,

... weil sie helfen, das Wetter vorherzusagen.

Es gibt **VIELE UNTERSCHIEDLICHE ARTEN VON WOLKEN:**

CIRROSTRATUS-WOLKEN
sind fein und durchscheinend und werden auch Schleierwolken genannt.

CIRROCUMULUS-WOLKEN
sind weiße Flecken, die ein schönes, getupftes Muster bilden.

Dicke graue Wolken, die den ganzen Himmel bedecken, heißen **NIMBOSTRATUS.** Sie bringen oft kräftigen Regen oder Schnee.

Es gibt aber noch viele andere Wolkenarten!

Schäfchen-wolken,

...weil sie unterschiedliche Formen annehmen.

Weiße **SCHÄFCHENWOLKEN** heißen Cumulus-Wolken. Wenn du sie eine Weile beobachtest, wirst du vielleicht Formen erkennen. Diese Wolke hier sieht aus wie ein Hund.

An sonnigen Tagen können viele Schäfchenwolken am Himmel entstehen. Meist bleiben sie aber nicht lange da – neue Wolken erscheinen, andere verschwinden, und alle ändern ständig ihre Form und Größe. Dieser Hund könnte sich in einen Hasen verwandeln!

WOLKEN BEOBACHTEN

Warte auf einen schönen Tag und gehe Wolken beobachten. Suche dir ein gemütliches Plätzchen, wo du auf dem Rücken liegen und nach oben schauen kannst. Zeichne einige der Formen nach, die du entdeckst.

CUMULUS-WOLKEN bilden sich, wenn die Sonne den Boden erwärmt und Blasen aus warmer, feuchter Luft entstehen, die nach oben steigen und Wolken formen.

Regen,

...weil er die Welt ergrünen lässt.

Wenn die winzigen Tropfen in den Wolken zu groß werden, fallen sie als REGEN zu Boden.

Pflanzen brauchen Wasser, um zu überleben. Gäbe es also keinen Regen, gäbe es keine Pflanzen auf der Welt. Und somit auch keine Tiere, die Pflanzen fressen, also auch keine Tiere, die diese Tiere fressen... und es gäbe keine Menschen!

Es gibt unterschiedliche Arten von Regen. Nieselregen fällt in winzigen Tropfen aus feinen Wolken, und viel größere Topfen, die aus dicken grauen Wolken fallen, können dich bei einem Platzregen bis auf die Haut durchnässen.

PLITSCH, PLATSCH!

Eine weitere tolle Sache am
Regen ist, dass er Pfützen
bildet. Zieh deine Gummistiefel
an und spring in eine Pfütze!

Regenbögen,

...weil sie an regnerischen Tagen eine magische Überraschung sind.

Licht setzt sich aus vielen verschiedenen Farben zusammen. Wenn Sonnenlicht durch einen Wassertropfen fällt und an der gebogenen Rückseite des Tropfens zurückgeworfen wird, teilt es sich in die Farben auf, die wir als **REGENBOGEN** sehen.

Regenbögen tauchen auf, wenn die Sonne scheint und es gleichzeitig regnet. Stelle dich mit dem Rücken zur Sonne, um nach einem Regenbogen Ausschau zu halten.

MACHE EINEN REGENBOGEN

Kreiere deinen eigenen Regenbogen: Stelle dich mit dem Rücken zur Sonne, und lasse mit einem Wasserschlauch oder einer Gießkanne Wasser in einem Bogen vor dir herabregnen. Jetzt sollte ein Regenbogen erscheinen. Du könntest gleichzeitig deine Pflanzen gießen!

Sonnenschein,

...weil die ganze Welt ihn braucht.

An **SONNIGEN TAGEN** scheint die Welt zu funkeln. Es ist wunderbar zu beobachten, wie sich Sonnenlicht auf einem See spiegelt, oder wie es Schattenflecken auf den Boden wirft, wenn es durch die Bäume fällt.

Pflanzen brauchen viel Sonnenlicht. Statt Nahrung aufzunehmen, bekommen Pflanzen die Energie, die sie benötigen, von der Sonne.

Die Sonne sorgt dafür, dass die Erde warm genug ist, damit alle Tiere (und wir!) leben können.

Früher haben viele Menschen die Sonne angebetet. Das ist verständlich, da die Sonne Wärme und Licht bringt und dafür sorgt, dass Pflanzen wachsen und uns mit Nahrung versorgen.

ZUM GLÜCK recycelt die Welt Wasser

...und versorgt uns so mit Trinkwasser.

Die Welt recycelt unglaublich viel Wasser! Wasserdampf steigt aus den Meeren auf, fällt als Regen wieder herab, und dann beginnt der Kreislauf von Neuem, sodass wir immer mit Trinkwasser versorgt sind.

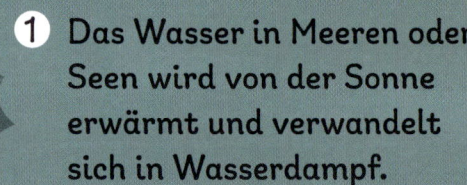

1 Das Wasser in Meeren oder Seen wird von der Sonne erwärmt und verwandelt sich in Wasserdampf.

2 Der Wasserdampf steigt auf, kühlt ab und bildet Wolken. Wind kann die Wolken weit von dort, wo sie entstanden sind, fortblasen.

3 Wenn die Wassertröpfchen in den Wolken groß genug sind, fallen sie als Regen herab.

4 Der Regen fällt in die Meere, Seen und aufs Land. Ein Teil des Wassers gelangt vom Land in die Bäche, die in Flüsse fließen, die wiederum ins Meer münden. Und dann beginnt der Wasserkreislauf von Neuem.

ZUM GLÜCK GIBT'S

Schnee,

... weil er so viel Spaß bringt!

Schnee entsteht, wenn Wasserdampf in den Wolken gefriert. Dabei entstehen winzig kleine Eiskristalle, die sich zu **SCHNEEFLOCKEN** zusammensetzen. Wenn die Flocken zu schwer für die Wolke werden, fallen sie als Schnee auf die Erde.

Jede Schneeflocke sieht anders aus. Wenn du sie dir genau anschaust, wirst du erstaunliche und wunderschöne Muster erkennen können.

Wenn es geschneit hat, sieht die Welt ganz anders aus. Sie klingt auch anders, weil der Schnee Geräusche dämpft.

Schneebälle oder andere Dinge zu formen, macht Spaß. Wie gefällt dir der Schneebär?

Schlittenfahren ist großartig! Es gibt nichts Schöneres, als einen Hügel runterzusausen!

Frost,
...weil er den Winter zum Glitzern bringt.

Wenn es richtig kalt ist, gefriert feuchte Luft und überzieht alles mit einer dünnen Schicht aus Eiskristallen: Frost!

Wenn feuchte Luft sehr schnell gefriert, kann sie winzig kleine Eisnadeln bilden, die Raureif genannt werden.

Frost sieht man normalerweise nach einer klaren Winternacht. Er überzieht alles mit einer glitzernden weißen Schicht. Selbst gewöhnliche Dinge wie Autos oder Laternenpfähle können dann sehr schön aussehen.

Wenn es draußen sehr kalt ist, können sich am Fenster wunderschöne Raureif-Muster bilden, zum Beispiel, wenn Morgentau auf den Scheiben gefriert und sich Eiskristalle bilden, die wie Eisblumen aussehen.

Gewitter,
... weil es kein dramatischeres Wetter gibt.

GROSSE GEWITTERWOLKEN können Höhen von bis zu 15 Kilometern und mehr erreichen. Sie bringen heftigen Regen, starke Winde, zuckende Blitze und grollenden Donner mit sich.

Blitze entstehen, weil die Regentropfen in einer Wolke elektrisch geladen sind. Im oberen Teil sind sie positiv, im unteren Teil negativ. Der Ladungsunterschied führt zu einer elektrischen Spannung, die sich als Blitz von Wolke zu Wolke oder von Wolke zur Erde entlädt.

Gewitter können gefährlich sein, bleibe also besser drinnen.

Lautes Donnern entsteht, wenn Blitze die Luft in ihrer Umgebung aufheizen und dafür sorgen, dass sich die Luft schnell und explosionsartig ausdehnt.

Morgennebel,

... weil er alles geheimnisvoll aussehen lässt.

Wenn die Luft feucht und der Himmel klar ist, kann sich die Feuchtigkeit in der Luft in der Nähe des Bodens in winzige Wassertropfen verwandeln, die zu Nebel oder Dunst werden. Nebel ist wie Dunst, nur dichter – manchmal kann man nicht durch ihn hindurchsehen!

Nebel löst sich auf, wenn die Sonne die Luft erwärmt. Deswegen entsteht er meist morgens, bevor die Sonne die Luft aufgewärmt hat.

Wenn du in einer gebirgigen Gegend
lebst, kann es sein, dass du morgens in
den Tälern zwischen den Bergen Nebel
siehst. Das liegt daran, dass die kalte
Luft nachts bergab sinkt und sich dort
sammelt. Nebel sieht man auch oft
über Flüssen, Seen, Teichen und
Sümpfen.

ZUM GLÜCK GIBT'S

Jahreszeiten,

...weil es gut ist, alle Arten von Wetter zu haben.

Wir haben **UNTERSCHIEDLICHE JAHRESZEITEN**, weil die Erdachse geneigt ist.

Auf der Nordhalbkugel (nördliche Hemisphäre) sind die drei wärmsten Monate der Juni, Juli und August, wenn dort Sommer ist. Auf der Südhalbkugel (südliche Hemisphäre) herrscht dagegen im Dezember, Januar und Februar Sommer.

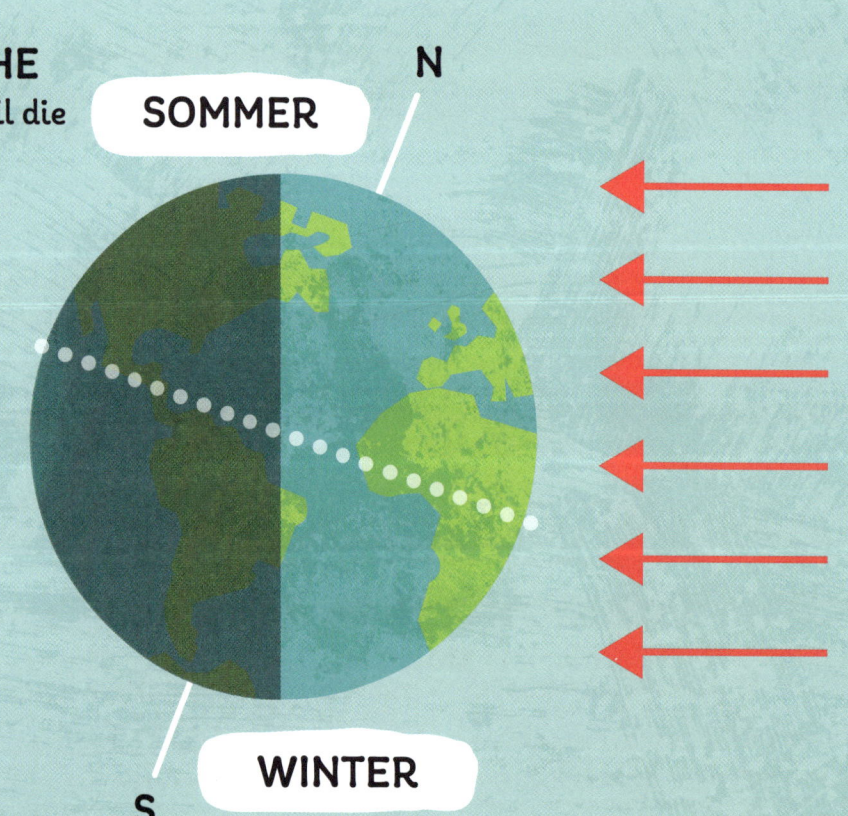

N

SOMMER

WINTER

S

FRÜHLING

Der Frühling liegt zwischen Winter und Sommer, wenn es wärmer wird und viele Pflanzen neue Blätter bilden.

HERBST

Der Herbst liegt zwischen Sommer und Winter, wenn es kälter wird und Laubbäume ihre Blätter verlieren.

SOMMER

Am wärmsten wird es in den Sommermonaten.

WINTER

Am kältesten wird es auf der Nordhalbkugel in den Monaten Dezember, Januar und Februar, und auf der Südhalbkugel im Juni, Juli und August.

GLOSSAR

Cirrocumulus-Wolken
regelmäßig verteilte
kleine Wölkchen, die
wie getupft aussehen

Cirrostratus-Wolken
Feine, durchscheinende Wolken,
auch Schleierwolken genannt

Cumulus-Wolken
weiße bauschige Wolken, auch
Schäfchenwolken genannt

Dunst
leichter Nebel

Erdachse
gedachte Verbindungslinie
zwischen Nord- und Südpol,
um die sich die Erde dreht

Frost
weiße Eiskristalle, die sich auf
kalten Oberflächen bilden,
wenn feuchte Luft gefriert

Nebel
Ansammlung von winzigen
Wassertröpfen in Bodennähe,
durch die man nur schwer
hindurchsehen kann

Nieselregen
feiner Regen, der
aus Wolken nieselt

Nimbostratus-Wolken
dicke graue Wolken, die
den Himmel komplett
bedecken können

Raureif
feuchte Luft, die schnell zu
winzig kleinen Eisnadeln gefriert

recyceln
wiederverwerten,
wiederaufbereiten,
einem Kreislauf zuführen

Wasserdampf
Wasser in gasförmigem Zustand

REGISTER

WEITERE TITEL IN DIESER REIHE:

Sterne und Mond 978-3-96244-335-1   Ozeane und Meere 978-3-96244-337-5

ZUM
GLÜCK
GIBT'S

Weitere Titel in dieser Reihe:

ISBN 978-3-96244-335-1

9 783962 443351

ISBN 978-3-96244-337-5

9 783962 443375

LAURENCE KING